AF232150

QUESTIONS

SUR

LES SERMENS

OU

PROMESSES POLITIQUES EN GÉNÉRAL,

ET EN PARTICULIER SUR LE VOEU DE HAINE
ÉTERNELLE A LA ROYAUTÉ.

(Par Mr. Vauvilliers, qui a perdu sa place de
Professeur de Grec au Collège royal, pour avoir refusé
de faire le Serment.)

Un citoyen n'est pas comptable aux loix de ses pensées....
L'empire sur les ames est un genre de domination que les
gouvernemens humains ne peuvent pas même connoître.
Le serment est une bien foible épreuve pour des hommes
polis et rafinés...... Dans nos mœurs cette cérémonie
auguste n'est plus qu'une forme outrageante pour le ciel,
inutile pour la société, et offensante pour ceux qu'on
oblige à s'y soumettre. *Opinion de* PORTALIS, *p.* 36 *et* 40.

A BÂLE,

DE L'IMPRIMERIE DE THOURNEISEN.

1796.

QUESTIONS

SUR

LES SERMENS

OU

PROMESSES POLITIQUES EN GÉNÉRAL,

ET EN PARTICULIER SUR LE VOEU DE HAINE ÉTERNELLE A LA ROYAUTÉ.

MON intention n'est pas de discuter à fond toutes les questions relatives au serment. Je ne me propose qu'un objet spécial ; c'est le serment ou la promesse de haine à la royauté ; et je ne veux l'envisager que du côté politique. Mais cet article particulier semble exiger quelques observations préliminaires. Je me bornerai à celles qui ont un rapport direct à mon plan.

PREMIÈRE QUESTION.

Et d'abord je demande ce que c'est qu'un serment ?

C'est, suivant la définition universellement adoptée, une promesse accompagnée de l'interposition du nom de Dieu, comme témoin de la vérité, et garant de la fidélité dans l'exécution de l'engagement que l'on contracte en sa présence. Or, qu'est-ce qu'un témoin qui ne voit ni n'entend ce dont on le constitue témoin? Le serment suppose donc que Dieu voit tout ce qui se passe dans le monde. La vérité des paroles n'est point dans les sons que la bouche profère, mais dans leur conformité avec la pensée de celui qui parle; et la vérité de sa promesse consiste dans la sincérité de l'intention qu'il a de l'exécuter. Le serment est donc un acte qui suppose en Dieu la connoissance des plus secrètes pensées de notre esprit, et des désirs les plus impénétrables de nos cœurs.

Est-ce assez? non assurément : car qu'importe ou la garantie, ou le témoignage d'un être, pour qui toutes nos actions seroient parfaitement indifférentes? qui demeurant dans un éternel silence, et dans une inaction souverainement apathique, n'auroit jamais dicté de loi aux hommes qu'il auroit créés tout au plus peut-être, mais pour ne plus s'en mêler; et qui n'auroit ni volonté ni puissance pour protéger la vertu et punir le vice? d'un être à qui on ne devroit ni amour, parce qu'il ne nous aimeroit point, ni culte, parce qu'il n'en recevroit point? D'un être, enfin, dont on pourroit se mocquer avec une parfaite sécurité, parce qu'il n'y auroit rien à espérer, ni à craindre de sa part? Le serment suppose donc un Dieu qui aime la vertu d'un amour infini (car en Dieu tout est nécessairement divin ou infini), et qui la récompense en Dieu; un Dieu qui a une aversion infinie pour le crime, et qui le punit en Dieu.

Mais il est impossible à la justice divine de punir ce qu'elle n'a pas défendu. La défense suppose une loi. Une loi n'est loi que quand elle est notifiée. Un délit n'est sujet à une juste punition, que quand il est postérieur à la notification de la loi qui le défend. Le parjure ne peut donc être susceptible d'aucune punition de la part de Dieu, s'il n'existe antérieurement au parjure une loi de Dieu, et une loi notifiée, en la manière qui convient à Dieu : or il n'a point d'autre interprête primitif que lui-même, et en la manière qui convient aux hommes; or, ceci demande une notification telle qu'il ne leur soit permis de douter, ni qui est le législateur, ni quel est son ordre ou sa défense. Et voilà la nécessité évidente d'une révélation, par laquelle Dieu ait manifesté aux hommes et sa divinité et sa loi. Que pense-roit-on d'un législateur qui s'exprimeroit en cette manière? - Je vous ordonne *quelque chose;* vous devinerez, si vous pouvez, qui je suis, à quel titre je vous parle , et quelle est ma volonté. - Supposons un placart affiché, s'il est composé de termes et de phrases obscures, amphibologiques; s'il est écrit sans ponctuation, en sorte que, suivant le lieu où chacun supposera les virgules et les points, il en résulte des sens divers ou contradictoires; si, par la magie de la perspective, les caractères sont formés et assemblés avec un art tel que, selon la manière différente de se placer pour les lire, ils présentent des mots différens, sera-ce une loi? une énigme, comme celle du Sphinx, dont OEdipe seul peut deviner le mot, n'est point une loi. Point de devoir sans une loi antérieure. Point de délit sans un devoir préexistant. Point de devoir ni de délit sans une punition prononcée d'avance. Qu'est-ce qu'une loi que le législateur termineroit par ces mots : - Au surplus, vous pouvez impunément en faire tout ce qu'il vous plaira? - Il faut donc une punition prononcée d'avance pour constituer la loi, sans la notification de laquelle il n'y a point de devoir dont la violation puisse être un délit.

Je dis une punition prononcée d'avance, mais à titre de législateur revêtu d'une autorité légitime. Si vous tuez une bête qui vous a blessé, vous ne punissez pas, parce que vous ne frappez pas comme législateur, dont le caractère se rapporte à un être susceptible de délit, et par conséquent capable de comprendre le sens de la loi, et d'en reconnoître la justice. Si vous mettez imprudemment le feu à un baril de poudre, il vous tuera par son explosion, mais il ne vous punira pas ; car il ne vous a pas dicté de loi : pour être législateur, il faut savoir ce que c'est que justice, loi, devoir, peine ; il faut avoir et la volonté d'ordonner et la conscience intime de l'ordre que l'on dicte. Un être sans intelligence ne donne ni ne reçoit de loi. Si un voleur vous tue parce que vous lui avez refusé votre bourse, il vous assassine, et ne vous punit point ; car il n'a point d'autorité. Si un usurpateur vous tue, parce que vous défendez votre patrie contre son invasion, quand même il en auroit proclamé la menace d'avance, il vous tuera et ne vous punira pas, parce qu'il n'a point d'autorité légitime sur vous, quoiqu'il en ait peut-être sur ceux qui servent comme soldats sous ses ordres. Et tout cela ne suffit pas, si le législateur, au moins en publiant sa loi, ne fait connoître et son titre et ses droits, de manière à ne pas laisser lieu à une ignorance indépendante de la volonté de ceux qu'il prétend y soumettre. Autrement, s'il frappoit; au lieu de punir, il assassineroit : car la punition présuppose la loi; et la loi exige essentiellement de la part du législateur un caractère qui *doive* être reconnu, pour que l'obéissance soit un devoir, et que l'infraction puisse être justement punie comme délit.

Je me résume, et je dis : voilà ce que le serment suppose, 1°. un Dieu avec tous les attributs de science, de bonté, de justice et de puissance infinies, qui assurent à la vérité et à la vertu des récompenses dignes d'un amour infiniment puissant, au mensonge et au crime des punitions proportionnées à une aversion et à une puissance infinies. 2°. Une loi de ce Dieu contenant, sous des formules expresses, tous les devoirs des hommes envers les autres hommes, envers eux-mêmes, envers Dieu; car il ne peut y avoir ni devoir ni délit, sans une loi préexistante; et comment l'homme pourroit-il, en vertu de la loi de Dieu, devoir quelque chose ou aux autres

ou à soi, s'il ne devoit rien à Dieu lui même.
3°. La manifestation de ce Dieu législateur
et de sa loi; et cette manifestation faite, en
la manière que nous avons indiquée, c'est-à-
dire, en faisant entendre et en montrant aux
yeux et aux oreilles, et Dieu et sa loi; parce
que c'est la seule manière qui ne laisse aucun
moyen d'ignorance involontaire ni sur le sens
de la loi, ni sur le titre du législateur; sans quoi
il ne peut y avoir ni loi, ni devoir, ni délit,
ni punition, ni *serment* où on fasse interve-
nir Dieu, comme témoin, juge et vengeur
du parjure.

Combien il me seroit facile de pousser ces
observations plus loin ! et quelles conséquences n'en pourrois-je pas tirer!... En effet, si le
serment présuppose une révélation nécessaire,
il s'ensuit que, de l'aveu de tous les hommes
chez qui le serment a été en usage, c'est-à-
dire, de l'aveu de tous les hommes de tous
les tems et de tous les pays, sans exception
non pas même de la nation française à cette
époque, il existe nécessairement une révélation proprement dite : car, si de l'acte on con-
clut invinciblement à sa possibilité ; de la nécessité de l'existence d'un être à son actualité,
la conséquence n'est pas moins irrésistible.
Or, de là, quelle induction en faveur de la

seule révélation, qui s'en attribue le nom ; qui seule en fait entendre le langage, en parlant au nom de Dieu, de l'origine la plus reculée, de la destination, de la fin et du renouvellement du monde ; seule ose se déclarer l'interprète de Dieu dans sa loi, dans ses promesses, dans ses menaces ; seule en présente le caractère dans une morale, des dogmes, des prophéties et des miracles, qui n'ont pas même éprouvé de rivalité !

Mais quoique je ne sépare jamais rien de la religion, dont la profession fait mon bonheur et ma gloire, parce que je ne connois rien qui ne s'y rapporte en dernière analyse, cependant ce n'est pas ici mon objet direct. Je n'irai pas plus loin à cet égard, et je passe à ma seconde question.

II. QUESTION.

Qu'est-ce qu'un serment demandé par les représentans d'une nation qui fait solemnellement profession d'athéïsme politique ?

Reprenons la définition du serment. C'est un acte par lequel on interpelle Dieu, comme témoin du serment, garant de sa véracité et vengeur de sa violation. Or, 1°. je pense qu'il n'y a point d'homme dans le monde qui osât citer son souverain en témoignage, sans avoir obtenu son consentement par une démarche de respect proportionnée à sa dignité ; et je ne crois pas qu'il y ait de proportion entre la dignité d'un souverain, quel qu'il soit individuel ou collectif, et la majesté de Dieu. Le serment suppose donc, de la part de celui qui le prête, un acte nécessairement accessoire d'adoration de la majesté de Dieu.

Prenons des hommes au niveau. Qui est-ce qui seroit assez hardi pour usurper en garantie de ses promesses le nom d'un autre, sans sa permission ? et si quelqu'un le hasardoit, qui est-ce qui croiroit avoir reçu une vraie caution ? qui est-ce qui ne se sentiroit pas offensé d'avoir été mis en avant d'une façon aussi indécente ? Le serment suppose donc de la part de celui qui le prête, une prière pour demander à Dieu la permission d'interposer son nom infiniment saint, infiniment auguste, qu'il n'est pas permis de prononcer de parole ou même de pensée sans une adoration religieuse, et la prière elle-même est un acte d'adoration.

C'est la nation qui l'exige, puisqu'on l'exige en son nom. Or, qu'est-ce qu'elle exige ? Un acte illusoire, absurde, éternellement condamné de nullité ; tout ce que la liberté de conscience pourroit admettre à cet égard, se réduit à la tolérance. Le provoquer, c'est blesser la vérité et la raison.

Est-ce un acte d'hypocrisie que vous commandez? vous prenez donc sur vous le crime de l'obéissance, puisque vous l'ordonnez. Un acte d'hypocrisie pour établir votre confiance? c'est bien vouloir être trompé; car c'est vous qui ordonnez le mensonge. Un acte d'hypocrisie? c'est mériter d'être trompé : car cette supposition, qui m'impute gratuitement un crime, est un crime réel de votre part; c'est une injustice et un outrage qui violent mes droits et vous dépouillent des vôtres. Vous méritez que je vous trompe, parce que vous me trompez vous-même; car vous me promettez votre confiance au prix d'un acte que vous vouez d'avance tacitement à votre défiance : un pacte ne souffre pas de réticence sur les conditions qui sont respectivement l'objet du pacte.

Est-ce un acte de folie? d'abord c'est une insulte. Ensuite, on ne dicte pas de loi à un fou; il n'est susceptible ni d'en donner ni d'en recevoir.

Voulez-vous bien, par complaisance, adoucir le terme de folie, pour vous en tenir à celui d'erreur? fort bien. Vous êtes donc, à

vos pr opres yeux, plus éclairé que moi? Pour-
quoi, au lieu de m'instruire par une conduite
conforme à la vérité, qui ne se compromet
jamais avec le mensonge que pour le redres-
ser, travaillez-vous à m'affermir dans mon
erreur par l'apparence d'un assentiment que
votre injonction suppose? C'est une erreur?
Hé bien! vous croyez apparemment possible
que je la reconnoisse à la clarté même de vos
lumières. Alors que deviendra cet acte d'illusion pour vous, qui n'y croyiez pas en le
demandant; et pour moi, qui n'y croirai plus?

C'est dans l'ordre de l'athéïsme une sorte
d'apostasie que vous ordonnez ; car c'est une
abjuration de la *nature*, qui tient devant
l'athée la place de Dieu.

Et, si je vous le refuse, en vous disant
qu'on ne prête de serment, ni quand on ne
croit pas en Dieu, ni à des gens qui n'y
croyent pas, que me répondrez-vous ?

Le serment exigé suppose donc qu'on croit,
et au serment et à Dieu que le serment at-
teste, et à toutes les vérités que nous avons
développées en traitant de la nature du serment, et des accessoires inséparables de l'acte
de sa prestation.

Mais, que dis-je, le serment exigé! disons
le serment prêté par la nation; car la nation

le prête elle - même , non - seulement parce qu'elle est censée le prêter par son conseil représentatif, qui, à ce titre , n'agit qu'en son nom , mais parce qu'elle en prête nécessairement un dès qu'elle en exige. Il faut le prouver.

Tout acte naturel participe au caractère de l'état de nature , et ne produit que des effets naturels ; tout acte qui produit des effets sociaux est donc aussi un acte social , et participe au caractère de l'état de société. La société toute entière , et dans sa formation originaire, et dans son existence successive, est un composé de pactes continuels , ou un acte synallagmatique , actuel et perpétuel. Tout pacte suppose un rapport d'égalité , de parité ou d'analogie entre les contractans , et dans les droits et les devoirs qu'ils apportent respectivement au pacte, et dans les droits et les devoirs qu'ils se cèdent ou se demandent réciproquement par le pacte. Le serment qui est exigé de moi est un acte social , acte d'autorité sur moi de la part de la nation qui le commande ; acte d'obéissance de ma part à la nation à qui je le prête. Vous mettez votre confiance sociale au prix du serment que vous ordonnez ; vous me faites donc serment de me l'accorder à ce prix : car c'est un acte so-

cial : il produit donc nécessairement son effet
social, celui de me donner tous les droits sociaux qui sont au prix du serment ; de me les
donner avec la même certitude que je donne
pour les acquérir. C'est un pacte, car la société n'est qu'un pacte continué ou renouvellé
dans tous les instans et dans tous les actes de
son existence. Il faut donc qu'il nous trouve,
il faut qu'il nous laisse en égalité, parité ou
correspondance de droits et de devoirs.

Et qu'on ne vienne pas me dire qu'il est
impossible d'assimiler le pacte social aux con-
ventions que les hommes font entr'eux comme
personnes individuelles, sous prétexte que
dans tout acte social il entre nécessairement
un rapport d'autorité et de soumission qui
n'ont pas lieu dans les contrats que les hommes font entr'eux à titre d'hommes naturels :
je répondrois qu'un pacte social est un pacte ;
donc il participe à la nature générale du pacte.
C'est une espèce dont le pacte est le genre :
or, la définition de l'espèce se compose d'a-
bord des attributs essentiels au genre, ensuite
des attributs spécifiques qui différencient
chaque espèce, c'est-à-dire, chaque subdivi-
sion du genre. Donc, tout ce qui constitue
le genre se trouve nécessairement dans l'espèce ; ce qui différencie l'espèce, y entre

comme addition et non pas comme destruc-
tion. Le pacte social n'est donc affranchi
d'aucune des lois auxquelles le pacte est soumis dans sa nature générique.

L'égalité, qui est le principe fondamental
et la loi universelle des pactes, ne consiste
pas en ce que chacun des pactisans 'cède et
reçoive, exige et consente des droits et des
devoirs qui soient absolument et identique-
ment une seule et même chose ; car cela est
impossible dans tout pacte, puisqu'un pacte
n'est qu'un échange, et plus impossible dans
celui d'un individu qui demande, avec une
nation qui accorde protection ; parce que l'in-
troduction de l'autorité et de l'obéissance en
est une clause essentielle, comme nécessaire
à l'objet du pacte, qui est la demande et la
concession de la force de protection. Mais l'é-
galité du pacte consiste en ce que les droits et
les devoirs stipulés soient dans un rapport de
correspondance aussi parfait que le pacte le
veut et peut le vouloir ; en ce qu'il y ait, de
part et d'autre, une véritable parité dans la
propriété des droits acquis, dans l'obligation
des devoirs contractés, et une égalité réelle
dans la certitude ou garantie respective ; car
c'est-là la loi de tout pacte, elle ne souffre
d'exception que l'impossibilité ou le crime :

c'est-là

c'est-là le vœu de tout pacte ; et la nuance d'autorité et d'obéissance, qui constitue l'espèce du pacte social, ne peut rien changer à son caractère général à l'égard de ces articles, parce qu'il n'en résulte aucune contradiction avec l'objet propre du pacte. Il n'est pas nécessaire à son espèce que l'obéissance soit sans droits et l'autorité sans devoirs. Il suffit qu'elles diffèrent dans la manière de les exercer ou de les exiger, nullement dans la réalité des uns et des autres, dans leur intensité ou dans leur degré de certitude respective. Le pacte social lui-même et toutes ses extensions ou conséquences, c'est-à-dire, tous les pactes entre un individu social et la société rentrent donc nécessairement à tous ces égards dans l'ordre et sous la loi du pacte en général.

Et il faut bien que cela soit ainsi ; car autrement la société et le pacte social seroient impossibles. Concevons effectivement une multitude d'hommes disposés à sortir de l'état naturel pour entrer, par un pacte commun, dans l'état d'aggrégation sociale. Si chacun d'eux croit que par son pacte il ne fera qu'ajouter de nouveaux devoirs aux devoirs de l'état de nature, et qu'abandonner ses droits naturels, sans rien recevoir en com-

B

pensation, qui d'entr'eux consentira à l'aggrégation, à moins d'être en démence? Il faut donc que le pacte lui assure et les droits qu'on lui promet en échange de ceux qu'il donne, et les devoirs qu'on accepte en retour de ceux auxquels il se soumet, et qu'il les lui assure avec le même degré de certitude, qu'on exige de lui, parce qu'il est contradictoire dans les termes que le résultat du pacte ne soit pas l'effet synallagmatique, dont il est le moyen unique pour lequel il est institué, qui est sa fin essentielle, et sans lequel le pacte est impossible, parce qu'il faudroit supposer les pactisans en démence.

A cette idée de multitude naturelle et de formation originaire de la société, substituez celle d'un individu contractant avec une société déja formée; si les mêmes principes ne président pas au pacte, ce n'est pas un pacte qu'il fait, c'est un abandon de lui-même; c'est le joug de la tyrannie la plus arbitraire qu'il met sur sa tête; c'est un homme qui se livre à discrétion.

Le salut du peuple est, dira-t-on, la loi suprême de la société, et, par conséquent, de tous ses pactes. J'entends, et je ne veux pas rejetter une vérité, à cause de l'abus qu'en font l'ignorance et la méchanceté; mais c'est une vérité que j'accepte et non pas une énigme, dont le mot soit à la disposition de tout insensé et de tout scélérat ; et pour cela il est nécessaire de s'expliquer.

Il faut donc concevoir que la société doit à tous et à chacun de ceux qui la composent, deux sortes de devoirs ; l'un négatif, et l'autre positif ; 1°. de ne faire volontairement aucune injustice à personne, et ceci ne souffre aucune exception, non pas même celle de l'impossibilité, parce qu'il peut être imposible quelquefois d'accomplir un devoir positif, qui s'exécute par un acte, et l'impossibilité fait cesser le devoir ; mais il n'est jamais impossible d'accomplir un devoir négatif, qui s'exécute par l'inaction ; et, par conséquent, ce devoir négatif ne cesse jamais d'être devoir ; 2°. de procurer à tous et à chacun tout le bien qu'elle peut ; et ceci ne souffre, par rapport à tous, que l'exception de l'impossibilité ou du crime, et par rapport à chacun, que celle de la contradiction avec le bien qu'on doit à tous et qu'on ne peut lui devoir au détriment de tous ; et parce que la volonté ne trouve jamais d'obstacle à son existence même et ne rencontre d'impossibilité que dans l'exécution ou l'acte extérieur ; jamais rien ne dispense la société de cette obligation de vouloir, qui ramène le devoir de faire du bien à tous et à chacun, aussitôt que l'obstacle cesse.

D'après ces principes incontestables, il est aisé d'expliquer ce fameux adage de la suprématie du salut du peuple. Il sera la loi suprême, toutes les fois que le moyen qu'on prétend y appliquer ne sera condamné, comme injuste en lui-même, par aucune loi; d'ailleurs, il ne change rien, ni à l'intensité des devoirs de la société, ni à la mesure de la certitude qu'elle doit à ses co-pactisans, de sa fidélité à les exécuter, en proportion de celle qu'elle exige pour s'assurer de la leur. Quant au devoir négatif, de ne faire volontairement aucun mal injuste à personne, point d'exception; Dieu même ne peut en dispenser. Et par rapport au devoir positif de faire du bien, la suprématie du salut du peuple ne fait qu'ordonner ou classer chaque devoir à son rang; d'abord celui qui est dû à tous, ensuite celui qui est dû à chacun, et qui n'étant que le second, ne peut pas prévaloir sur le premier. Mais cet ordre ne fait pas exception aux devoirs résultans du pacte, puisque c'est une condition ou un devoir expressément stipulé par le pacte. Le salut du peuple ne fait donc en faveur de la société aucune exception aux principes du pacte ; il ne le dispense, ni elle, ni ses pactes, d'aucune des loix d'égalité, de parité, de correspondance ou d'analogie, qui président éternellement et inviolablement à tous les pactes.

Et malheur à elle, si elle pouvoit prétendre à l'exception ou à la dispense, soit par rapport aux droits et aux devoirs en eux-mêmes, soit par rapport à l'égalité dans la certitude ou garantie respective. Elle ne pourroit exister; nous venons de voir que le bon sens ne permettroit à personne un acte primitif ou secondaire, dans lequel tous les engagemens seroient d'un côté sans devoirs ou sans garantie pareille de l'autre. Il seroit impossible de contracter avec elle, parce qu'il n'y a point de pacte sans une *loi commune* aux co-pactisans ; or, il n'y a point de *loi commune*, quand l'un des contractans est toujours, et l'autre jamais lié par le pacte qu'il demeure en droit de violer, sans être coupable, toutes les fois que cela lui convient! enfin, il lui seroit impossible de *punir;* car *punir*, c'est frapper au nom de la *justice.* La justice est un *principe inviolablement commun*, entre celui qui le prononce et celui qui l'entend; or, il n'y a point de *principe commun*, lorsque l'un des deux est obligé pour n'être pas *criminel*, de reconnoître ce que l'autre peut méconnoître , sans être *coupable*. S'il n'y a point de principe commun , il ne peut donc y avoir de *punition* : dès qu'il ne peut y avoir de punition , il n'y a point de *délit*. S'il n'y a point de délit , il n'y a point de *devoir*. Jamais de *loi* , quand il n'en résulte pas de *devoir* ; et sans loi , *point de société*.

Dès qu'on ne frappe point au *nom* de la *justice* , on ne *commande* qu'au nom de la *force*. Il n'y a plus que la *foiblesse* qui soit *obligée d'obéir* , non pas par devoir, (il suppose la justice ét dure autant qu'elle) ; mais par égard pour son infériorité ; et cette considération ne dure pas plus long-tems que l'infériorité ne subsiste aux yeux de la raison ou de l'imagination : dès-lors tout se réduit entre les hommes , même sociaux , au calcul de leur intérêt et de leurs forces respectives , c'est-à-dire , à la combinaison des probabilités résultantes des moyens physiques ou moraux que chacun croit avoir pour faire prévaloir son intérêt et sa volonté. Dès-lors point de société. Donc , pour qu'il existe une société , il faut reconnoître une *loi* qui préside à ses pactes, *comme* à ceux de tous les hommes ; une loi dont il résulte pour elle des devoirs *aussi sacrés* , que pour tous les hommes ;

une loi *aussi indépendante , aussi absolument souveraine* pour elle que pour tous les hommes.

Par cela seul , on voit que cette *loi* ne peut être que celle de *Dieu*. Nous avons montré que le serment même exigé et prêté par la nation , le suppose. Il faut démontrer la proposition en elle-même.

1°. Dès qu'on fait abstraction de *Dieu législateur ,* on se réduit à ce que certaines personnes appellent *la nature* ; ce terme vague n'a point été expliqué. Je n'en chercherai pas le sens. La nature, sans *intelligence ,* sans *volonté ,* sans *puissance co-active ,* ne peut dicter de *loi.* Pour être propre , même à en recevoir , il faut une *intelligence* capable de la discerner, une *volonté* susceptible de l'aimer, une *puissance librement active d'exécution.* Pour en *dicter d'autorité irréfragable ,* il faut bien au moins avoir les qualités sans lesquelles on seroit même au-dessous de la capacité d'en recevoir. Donc, la *nature ,* abstraction faite de Dieu législateur , ne dicte point de *loi.*

2°. Si on admettoit , par manière d'hypothèse , une loi dictée par la nature , cette loi n'auroit d'autre organe , d'autre interprète auprès de chaque individu, que sa propre raison ;

B 4

à moins qu'on ne trouve un principe qui oblige un homme de faire taire la sienne, pour croire aveuglement à celle d'autrui. Or, si l'intelligence de l'individu, gênée par l'ignorance, préoccupée par les préjugés, obscurcie par les nuages des passions, n'apperçoit pas la justice de la loi; si, malgré l'aveu de la raison, le cœur emporté par la fougue des desirs, y refuse son assentiment; si, libre enfin de sa propre action, il la viole, sans qu'il existe pour le prétendu législateur aucun moyen, ni de le savoir, ni de vouloir ou de pouvoir effectuer la *punition*, il est plus clair que le jour, qu'il n'y a ni législateur ni loi.

Quand je parle de punition, je parle d'une punition infaillible ; car s'il faut tirer aux dez pour juger par le bon ou le mauvais succès de l'infraction, si on doit, ou si on ne doit pas la ranger dans la classe des délits, il n'y pas d'enfant qui ne sente que le nom de la loi est ici une absurdité. C'est un jeu de hasard qui ne constitue ni vertu dans celui qui gagne, ni vice dans celui qui perd.

On pourroit nous faire ici une sorte d'objection. Les loix humaines, dira-t-on, n'ont pas cette puissance infaillible de punition. Ne sont-elles donc pas des loix ? n'obligent-elles pas au devoir de l'obéissance ? Ce sont des loix *secondaires ;* et je parle de la loi *primitive.* Elles obligent ; mais en vertu de la loi première : elles avouent elles - mêmes qu'elles ne peuvent rien contre son autorité supérieure ; elles ne peuvent donc rien que sous son nom. Or, si celle-ci n'étoit pas plus infaillible qu'elles dans sa vengeance, il n'y auroit, comme nous l'avons dit, point de loi, parce que n'y ayant point de punition, il n'y auroit pas de délit, et par conséquent point de devoir. Car, qu'est-ce qu'un législateur à qui on peut dire : A PAIR OU NON, si ce sera vous qui vous vengerez de mon *mépris ,* comme d'un *délit;* ou moi, qui braverai la *fausseté de votre titre ,* dans la *vérité* de votre *impuissance ?*

Il n'y a que trois principes dont on puisse déduire l'obligation d'obéir aux lois humaines, par devoir de conscience : 1°. Une loi primitive ; c'est celle dont je parle. 2°. La force ; j'ai prouvé que, dans ce système, il n'y a ni devoir, ni délit, ni loi, ni société. 3°. Enfin, le consentement de l'individu. Mais d'abord, le consentement est un acte libre de sa volonté actuelle, à laquelle sa volonté future ne sera jamais soumise par un devoir dont la violation soit un délit, à moins qu'il n'existe

une loi antérieure et supérieure à toute volonté, dont l'autorité l'oblige à vouloir encore le lendemain ce qu'il aura voulu la veille.
De plus, le consentement se donne par un
pacte. Le pacte suppose une loi *commune* aux
pactisans ; une loi antérieure et au pacte et
aux contractans ; par conséquent une loi primitive, qui *prononçant* sur le pacte, en lui-
même, et dans son *idée éternelle,* soumette,
et les pactes particuliers, et les pactes sociaux,
et les loix sociales, qui ne sont que des pactes, et les individus, et les sociétés. Or, la loi
n'est loi que quand elle constitue un *vrai*
devoir, dont la *violation* soit un DÉLIT soumis à une *punition infailliblement assurée*
par la puissance du législateur.

Il n'étoit pas juste de laisser l'objection
sans réponse. Celle-ci est, je crois, péremp-
toire. Elle ramène nécessairement à la loi
primitive dont nous venons de définir les caractères, et qui, ne pouvant être celle de la
nature, est nécessairement celle de Dieu.
Mais j'en veux une qui conduise à cette con-
clusion par un principe encore plus direct et
plus absolument universel.

Qu'est-ce que la loi, considérée dans l'idée
de son essence ? c'est une *injonction* qui porte
avec elle-même l'obligation d'obéir, sans exa-

men, aussitôt qu'elle est notifiée. Là, où il n'y a pas encore de *devoir*, il n'y a pas encore de *loi*; là, où il manque encore quelque chose pour constituer le *devoir d'obéir*, il n'y a donc point encore de *loi*. Là, où on peut, où on doit même encore examiner et délibérer pour savoir si on doit obéir, si l'obéissance sera crime ou vertu, il manque encore quelque chose pour constituer le devoir d'obéir. Donc il manque encore quelque chose à la loi pour être loi ; donc elle n'est pas encore loi. Donc la loi, considérée dans l'idée de son essence, est une injonction qui emporte avec elle-même l'obligation d'obéir , sans examen, aussitôt qu'elle est notifiée.

Ce point établi, je raisonne d'après les données ; et je dis : 1º. en se réduisant même à l'hypothèse de la nature, il faut admettre dans l'homme l'obligation éternellement absolue d'être juste ; sinon il n'y aura jamais ni devoirs, ni droits, ni délits, ni loi, ni société. Il n'y a que deux manières de satisfaire à cette obligation ; l'examen, par lequel la raison reconnoît la justice de l'action, ou la certitude de sa justice avant tout examen. *Nulle puissance* n'a donc droit d'interdire un de ces moyens, sans mettre l'autre à sa place. Nulle puissance n'a caractère pour obliger d'obéir à ses ordres, par cela seul qu'elle les notifie, à moins qu'au *devoir* et au droit de l'examen, elle ne substitue la *certitude de sa justice*, qui le rendroit INUTILE ET COUPABLE. Il n'est pas nécessaire d'ajouter qu'il n'y a que Dieu dont la loi porte en elle-même ce caractère de *justice infaillible*, qui rend tout examen inutile et coupable. Il n'y a donc que Dieu dont la loi soit essentiellement loi ; loi exclusivement primitive, et source absolument unique du devoir d'obéir à toute autre loi, qui ne peut être que secondaire, et n'oblige jamais qu'en vertu de la loi primitive. 2°. Le desir du bonheur est inséparable de l'homme. Dieu même ne peut pas l'obliger d'y renoncer. C'est un attribut inhérent à tout être sensible. Il hait le malheur plus que l'anéantissement. C'est un double sentiment qui n'a de bornes que la *durée de l'être*, et de mesure que l'*infini*. Nul législateur n'a donc droit d'obliger un homme de s'en rapporter à lui, sans examen, sur son bonheur ou son malheur, à moins qu'il ne lui présente tous les caractères de certitude qui rendent *tout* examen *inutile et coupable*. Or, ces caractères sont une *bienveillance sans bornes*, puisqu'elle se met à la place de notre amour pour nous mêmes, qui n'en a point ; une *sa-*

gesse infaillible, puisqu'en interdisant *tout examen*, elle se met *au-dessus de toute raison ;* une puissance qui ne laisse rien à espérer contre elle, rien à craindre sous sa protection, puisqu'elle rend *tout examen inutile*, en un mot, une puissance sans *mesures et sans bornes,* puisqu'elle embrasse l'infinité des êtres et l'éternité de l'existence. Or, il est, je pense, irrésistiblement évident qu'aucun de ces caractères ne convient à la nature, qui n'a pu vouloir me donner aucun moyen certain de connoître ni elle ni sa prétendue loi, puisqu'elle s'ignore elle-même ; qui, même en nous supposant son ouvrage, comme la cendre est celui du feu qui consume le bois, ne sait ni quand, ni comment, ni où nous existons ; et qui, placés une fois dans le monde qu'elle ne connoît pas, nous y abandonne, sans aucune garantie de sa part, au jeu de toutes les circonstances au milieu desquelles nous sommes jetés par le hasard incalculable de nos propres volontés, ou de celles d'autrui. Donc il est démontré que la loi primitive, sans laquelle il n'y aura jamais de loi secondaire, jamais ni devoirs, ni droits, ni délits, ni punition, ni société, ni autorité, ne peut être que la *loi de Dieu,* et par conséquent la loi de Dieu, notifiée suivant ce que nous avons dit, en la seule manière qui ne laisse aucun moyen d'ignorance involontaire, ni sur le sens de la loi, ni sur le titre du législateur, c'est-à-dire, en faisant entendre et en montrant aux yeux et aux oreilles, et le Dieu législateur et sa loi.

Nous avons prouvé que le serment exigé et prêté suppose cette vérité. Nous venons de la démontrer en elle-même. Je reprends ma seconde question, et je redemande :

Qu'est-ce qu'un serment exigé par les représentans d'une nation qui fait profession d'athéisme politique ?

La nation, c'est l'universalité des citoyens qui la composent. C'est donc au nom de tous les citoyens que le serment est exigé. Or, non-seulement ils peuvent de fait, être tous athées, mais de droit, ils sont tous constitutionnellement réputés tels. La nation n'en reconnoît politiquement aucun comme ayant un Dieu, puisqu'elle n'en reconnoît aucun comme ayant un culte religieux.

C'est au nom de la nation que le serment est demandé ; et la nation fait profession d'athéisme politique : car la nation, comme nation, est sans Dieu, puisqu'elle est sans culte ; car la nation, comme nation, ne re-

connoît, en qui que ce soit, ni profession
ni ministère d'aucun culte.

Que dis-je, la nation est sans culte, et n'en
reconnoît point? Tranchons le mot; osons
dire l'affreuse vérité: la nation les réprouve et
les interdit tous, en les soumettant à des conditions qu'aucun système réligieux ne peut
consentir. Des édifices communs à tous les cultes sont un monstre qu'aucune religion n'ad-
mit jamais. Demandez aux Juifs, aux Mahométans, aux Mages de la Perse, aux Bonzes de
la Chine, s'ils permettront jamais à des prêtres
chrétiens d'offrir le sacrifice de Jésus-Christ
dans leurs temples, dans leurs mosquées, dans
leurs synagogues. Y a-t-il quelqu'un assez igno-
rant dans l'histoire du monde, pour ne pas savoir avec quelle haine, avec quel mépris toutes les fausses religions se sont attaquées réciproquement; avec quelle fureur, avec quelle
cruauté elles se sont toutes liguées contre la
religion de Jésus-Christ, la seule qui ait appris de son divin maître, la seule qui ait
toujours professé, comme dogme fondamental, le saint et glorieux devoir de n'opposer
à ses persécuteurs que la charité, la prière
et la lumière de tous les genres d'instruction?
Elles sont donc toutes inconciliables entre
elles par leur nature même, et plus incom-

patibles avec celles qu'elles ont toujours entrepris d'anéantir par l'effort commun de toutes les barbaries imaginables. La religion catholique n'est pas, à cet égard, plus exclusive que les autres. Elle l'est seulement d'une manière plus divine, parce qu'elle l'est d'une manière plus charitable. Elle est seulement plus saintement obligée à ne laisser profaner son culte par aucun mélange étranger ; parce que ce ne peut pas être en vain que Jésus-Christ lui-même soit descendu sur la terre pour y révéler, y établir et y communiquer aux hommes les mystères, les droits et les graces de son sacerdoce éternel. Tout culte est donc interdit de droit, et, par conséquent, politiquement réprouvé par la loi qui ordonne la communauté des temples, quoique de fait et accidentellement, il en puisse subsister un, comme premier occupant du lieu ou du temple, jusqu'à ce que le magistrat vienne, au nom de la loi, l'en chasser nécessairement, en entreprenant d'y en introduire un autre.

On me dira peut-être que la liberté des cultes est solennellement consacrée par la constitution. Je le sais bien. Je ne prétends pas le dissimuler. Mais il y a une grande différence entre des déclarations vagues qui peuvent faire illusion par des expressions spécieuses,

cieuses , et des loix précises qui en détruisent toute la réalité par des actes effectifs de prohibition. J'entre en détail ; mais je ne ferai qu'effleurer quelques articles , parce que j'ai beaucoup d'autres choses à dire , et que je ne veux pas faire un volume.

Nous venons d'observer que la disposition du décret qui rend communs à tous les cultes les édifices ci-devant consacrés au culte de la religion catholique , est un acte de profanation , et par conséquent de prohibition légale. Des édifices particuliers , tels que ceux qu'on nomme oratoires , sans sauver la loi d'un trop juste reproche , pouvoient au moins en pallier le vice , en diminuer les mauvais effets ; mais afin qu'on ne puisse douter de l'intention de la loi , on y ajoute un article pour interdire la faculté d'y recevoir plus de dix personnes étrangères à la maison de celui à qui l'oratoire appartient. Or , combien peut-il se trouver , ou dans une ville ou dans un village , de personnes en état de fournir seules à cette dépense ? Comment peut-il se trouver , dans quelque culte que ce soit , assez de ministres pour suffire à la piété religieuse , en circonscrivant leur ministère dans un si petit nombre de personnes ? Il en faudroit en France environ deux millions ; et s'ils s'y trouvoient, comment pourvoir à l'entretien le plus médiocre de tant de ministres et de tant d'oratoires ? Ainsi, d'un côté, tout culte est interdit de droit dans les temples rendus communs, quoiqu'il puisse y en exister quelqu'un de fait, comme premier occupant ; et de l'autre, tout culte se trouve permis de droit à chaque citoyen dans les oratoires particuliers, mais interdit de fait à la totalité des citoyens par l'impossibilité résultante de la condition que la loi y appose. C'est un double caractère d'athéisme.

Indépendamment de la religion intérieure, tout homme doit à Dieu deux sortes de culte extérieur. L'un consiste dans le sacrifice solennel de sa personne offerte par une adoration directe à la majesté divine ; l'autre, dans l'offrande du superflu de ses biens consacrés à la gloire du Seigneur pour l'entretien de ses temples, ou à sa bonté dans la personne des pauvres, des malades, des vieillards, des infirmes. De ces deux espèces d'offrandes, la première a été consacrée par toutes les religions du monde ; et l'opinion universelle en a, dans tous les tems et dans tous les lieux, sanctionné la garantie par l'anathême d'impiété et de sacrilége. La seule religion de Jésus-Christ a introduit sur l'une et sur l'autre une sainte libéralité, que la sagesse d'un législateur peut sans doute modérer par des loix de prudence contre l'abus que l'avarice de quelques ministres en pourroit faire, lorsque la suffisance des établissemens destinés aux besoins ordinaires est attestée par la notoriété publique. Mais lorsque tout manque évidemment dans l'une et l'autre espèce ; lorsque la plupart des villages sur - tout, sont manifestement hors d'état de fournir à cette double dépense par les contributions journalières de leurs habitans, si le législateur défend de suppléer à leur impuissance par des moyens aussi durables que les besoins ; s'il ose dire : *Nul homme ne pourra, par un don perpétuel, assurer le culte de son Dieu, à des cantons que leur pauvreté en privera certainement par sa mort ; nul homme, en se refusant les plaisirs dont un bien légitimement acquis lui offre la jouissance, en se retranchant même sur ses besoins, ne pourra prolonger au-delà de sa vie ses bienfaits à des malheureux que sa mort condamne aux douleurs ; tout acte de ce genre est déclaré nul ; les revenus affectés à de si saints devoirs sont d'avance à ma disposition pour tous les emplois qu'il me plaira de préférer ;* je n'examine pas si ce n'est pas sapper les fondemens de la société, en attaquant la propriété sur ses bases les plus sacrées ; ce n'est pas mon objet : je ne prétends point taxer ce langage de barbarie ; les cris de l'infortune n'ont pas besoin de ma voix pour se faire entendre : je ne demande pas comment on peut s'emparer du revenu que j'ai destiné aux pauvres de mon village , et n'avoir pas droit d'enlever la collecte qu'une société de bienfaisance vient de déposer dans sa caisse ; c'est à des hommes plus subtils que moi à nous en assigner la différence : mais je dis qu'un pareil langage , que de pareilles loix portent le caractère le plus marqué d'opposition à toutes les espèces de culte , et que par conséquent c'est le langage et la législation de l'athéïsme. Et je répète ma seconde question : Qu'est-ce qu'un serment politique exigé par les représentans d'une nation qui fait profession d'athéïsme politique , non-seulement parce qu'elle est sans Dieu , attendu qu'elle est sans culte , mais parce qu'elle ne reconnoît en qui que ce soit , ni profession , ni ministère d'aucun culte , parce qu'elle les réprouve ou les interdit tous de droit ou de fait ; enfin , parce que l'opposition à toutes les espèces de culte que l'homme doit à Dieu , est manifestement prononcée dans ses loix et ses principes politiques ?

III. QUESTION.

Tout culte tient essentiellement à une révélation réelle ou supposée. Nul homme ne peut, en son propre nom, et de sa propre autorité, se déclarer instituteur d'une religion. A Dieu seul appartient de prononcer ce que les hommes lui doivent, et quel genre d'adoration peut être dignement offert à sa majesté. Quiconque reconnoît la nécessité d'un culte, parce qu'il croit un Dieu, reconnoît la nécessité d'une révélation. Il est impossible d'admettre la nécessité d'une révélation, sans avouer au moins la possibilité d'un engagement religieux fondé sur un ordre ou sur une approbation de Dieu, expressément révélés. Méconnoître ou nier ou réprouver toute révélation, tout engagement religieux, c'est donc méconnoître, nier et rejeter la vérité de tout culte ; c'est professer ouvertement l'athéisme.

Nous avons vu que le serment lui-même est un engagemeut religieux, qu'on regarde apparemment comme inviolable, quand on l'exige. Nous avons vu que le serment suppose un Dieu révélé comme auteur d'une loi, qui prescrit aux hommes tous leurs devoirs , envers lui-même d'abord , (car sans cela , il n'en existeroit pas d'autres) , et ensuite envers eux et leurs semblables. Et nous avons démontré cette vérité , indépendamment de la conséquence à tirer du serment. Je propose donc ma troisième question : Qu'est-ce qu'un serment exigé au nom d'un nation, qui ne reconnoît ni révélation, ni engagement religieux ?

Est - ce assez de dire qu'elle ne reconnoît pas ? Non : et malheureusement la vérité oblige d'ajouter qu'elle nie , qu'elle réprouve, qu'elle force de violer. Posons des limites bien précises. Qu'on dise : Je ne contraindrai personne d'adopter telle ou telle révélation, ou d'accomplir les vœux qu'il aura faits ; j'entends , cela peut signifier : J'en abandonne le jugement à Dieu , sans interposer entre lui et les hommes , ni garantie , ni co-action. Mais que le législateur ouvre d'autorité les asyles où la chasteté chrétienne s'est engagée à Dieu par serment ; qu'il dise aux prêtres de Jésus-Christ , qui on juré de ne pas tuer, vous tuerez comme soldats , ou vous serez tués comme rebelles ; aux Juifs, vous exécuterez, les jours de sabath , les travaux et les marches militaires que votre loi vous interdit ces jours là , pour toute autre cause que la défense de votre religion ; aux Mahométans, vos muphtis, vos derviches, vos dévotes n'auront ni habitations, religieusement consacrées, ni retraites communes ; aux Payens mêmes, vos vestales seront arrachées du sanctuaire de Vesta, pour être montrées sans voile à tous les regards, c'est dire, à chaque culte, vous n'avez point Dieu pour auteur, et, par conséquent, c'est dire à tous, je vous réprouve à titre de fanatisme ou de fausseté ; c'est dire à chaque révélation, vous n'êtes pas vraie ; et, par conséquent, c'est dire à toutes, vous n'êtes pas possibles, Dieu ne parle pas aux hommes ; c'est dire à Dieu lui-même, vous n'avez pas droit d'exiger ou d'agréer de la part des hommes un engagement religieux. C'est lui dire, vous êtes sourd, muet, aveugle, apathique, impuissant ; c'est lui dire, vous n'êtes pas Dieu. Après cela, qu'est-ce qu'un serment exigé au nom d'une nation, qui fait profession d'athéisme politique, parce qu'elle méconnoît, nie, réprouve, et force à violer tout culte, toute révélation, tout engagement religieux.

Et dans tout ceci, je ne prétends pas accuser la nation française d'un véritable athéisme d'esprit ou de cœur. A Dieu ne plaise. Je

connois trop bien et l'opinion et le sentiment
général. La guerre livrée à la religion de nos
pères par ses ennemis, a été trop ouverte,
trop sanglante, trop atroce, pour qu'ils n'eus-
sent pas réussi à nous l'enlever, si la masse
du peuple français avoit voulu vivre sans Dieu.
Mais je me plains de la contradiction hon-
teusement absurde dans laquelle la nation est
précipitée malgré elle, par les hommes qui
se mêlent de lui faire une constitution et des
loix.

IV. QUESTION.

Qu'est-ce en effet que cet *Être - Suprême
en présence* de qui la nation fait sa *déclaration des droits et des devoirs*, en tête de
sa constitution? Ou c'est Dieu, et il falloit
le dire, ou ce n'est rien, et il ne falloit pas
en parler. Si cet Etre-Suprême ne possède
pas la plénitude sans borne de l'existence et
de la félicité; s'il n'est pas infini en bonté,
en sagesse, en justice, en puissance, c'est-
à-dire, s'il n'est pas Dieu, ce n'est pas l'Etre-
Suprême. Prenons une comparaison sensible
à tout le monde. Imaginons un homme dont
l'œil droit seroit assez perçant pour lire dans
l'étoile Syrius aussi nettement que nous dis-
tinguons les caractères d'un livre que nous

tenons à la main. S'il ne voit pas de l'œil gauche, n'est-il pas évident , que tant que vous pourrez vous placer malgré lui de ce côté ténébreux pour lui, toute la perspicacité de son regard de l'autre côté , le laisse sans aucune espèce de rapport avec vous. Ainsi, s'il manque à votre Etre - Suprême un seul degré d'existence ; s'il y a un seul point de l'espace , un seul instant de la durée qui lui soit étranger, non-seulement ce n'est pas l'Etre-Suprême, mais ce n'est RIEN pour aucun des êtres qui échappent malgré lui à sa connoissance et à sa puissance , parce que leur existence se trouve placée dans les points de coïncidence avec sa nullité , et cette suprématie qu'on lui attribue dans la déclaration, n'est qu'un mensonge puérile , indigne d'un grand peuple et de ses représentans. S'il possède l'infinité , l'immensité, l'éternité de l'Etre, ce n'est ni une idole , ni le hasard, ni le fatalisme , ni la nature auxquels ces attributs ne sauroient convenir. C'est donc le Dieu , le Dieu créateur et législateur de l'univers : il falloit le dire.

Ces droits et ces devoirs , déclarés *en sa présence* , sont - ils contraires à sa sagesse ? On n'oseroit pas les établir en sa présence. Y sont-ils conformes ? On le reconnoît donc

par la *déclaration* même , comme seul auteur et instituteur de tous les droits et de
tous les devoirs , comme seul , universel et
éternel législateur et juge de tous les siècles
et de tous les pays , de tous les hommes et de
toutes les nations. Or , ce législateur universel , devant qui tous les êtres parlent et
agissent , qui précède l'infinité des tems , qui
embrasse l'immensité des espaces , qui at-
teint l'éternité de la durée , qui soumet à
sa vérité , à sa loi , à son jugement , et les
hommes et les nations qui n'ont point de
juges sur la terre , est-ce la nature qui ne
voit , ne parle , n'entend , ni n'agit ? Non.
C'est donc Dieu. Il falloit donc le nommer
et le reconnoître de fait et de droit ; et non
pas le dissimuler sous des expressions trop
justement suspectes de n'avoir été choisies
que pour tromper la nation par une déclaration illusoire. On ne parle point , quand
les sons qu'on profère, peuvent signifier également le oui et le non dans la bouche de
ceux qui les prononcent , quand ils peuvent
représenter également le oui et le non à
l'oreille de ceux qui les entendent. Or , je
demande ce que c'est qu'une *déclaration*,
qui ne *déclare rien* , et ce que c'est qu'un
serment exigé en présence d'un Etre *Suprême*,

qui n'est *rien*, dès qu'on ne le *reconnoît* pas pour *Dieu*, et qu'on ne reconnoît pas lors-qu'on fait profession d'athéïsme politique?

V. QUESTION.

Que signifie un serment demandé à des hommes qui n'ont point de Dieu?

En effet, à qui demande-t-on le serment? à des hommes que la nation suppose politi-quement sans Dieu; à qui la nation interdit politiquement de reconnoître un Dieu, puis-qu'elle interdit *tout culte* de droit ou de fait, nie la vérité et la possibilité de toute révéla-tion, réprouve à l'avenir et viole dans le passé *tout* engagement religieux. Ainsi, politique-ment ou de droit, tous ceux à qui elle de-mande un serment sont, à ses yeux sans Dieu. Comment peut-elle politiquement leur demander un serment qui suppose Dieu, un culte, une révélation, des engagemens reli-gieux?

Tous ceux à qui on demande le serment au nom de la nation, sont, de droit, *athées* pour elle. Mais puisque le système politique est l'athéïsme, ils peuvent aussi être athées de fait. Or, l'athée ne peut pas parler comme étant en la présence de Dieu qu'il ne reconnoît

pas ; il ne peut pas interpeller, comme témoin, comme garant, comme juge, un Dieu
qui n'existe point pour lui. Qu'est - ce donc
qu'un serment politiquement demandé par la
nation à des hommes qui, de droit ou politiquement, sont tous athées, et qui, de fait
ou réellement, le sont peut-être tous aussi.

VI. QUESTION.

Et pour ne laisser ouverture à aucun sub-
terfuge, j'ajoute : Qu'est-ce que le serment
d'un athée, quand même, en le dépouillant
du caractère de serment, on le réduiroit à
la valeur d'une simple promesse ?

Une promesse est un pacte. Tout pacte et
tout *devoir* résultant d'un pacte, supposent,
comme nous l'avons établi, une *loi* préexistante
à tout pacte et à tout pactisant ; et un *législateur*, infini comme l'espace, éternel comme
la durée, qui *juge* tous les êtres, individus
ou sociétés, et les soumette tous à une punition du même ordre, pour avoir commis
un *délit* du même genre, en violant un *devoir* de même nature. Car, sans cela, il n'y
a point de devoir, parce qu'il n'y a ni loi
qui enjoigne un devoir, ni délit qui puisse
être l'objet d'une punition. L'athée ne re-

connoît ni législateur , ni loi, ni juge , ni punition. Donc, il ne reconnoît ni le délit, ni le devoir. Je ne dis pas qu'en particulier , tel athée ne tiendra pas sa promesse ; mais je dis , qu'en thèse générale , de sa promesse , il ne résulte pas de devoir selon sa doctrine , parce que de sa violation, il ne résulte point de délit, attendu que dans son système , il n'y a point de loi préexistante , qui sanctionne le principe du devoir, point de juge commun pour appliquer la loi au délit , point de puissance pour effectuer la punition.

Je prie mes lecteurs d'observer que je ne prétends pas parler ici d'un certain mélange, composé sans mesure déterminée , d'égoïsme, de sensibilité, de foiblesse, de préjugé, qu'on appellera conscience, si on veut , mais qui n'est au fond que l'affection morale de l'individu , et forme son caractère propre, selon la prépondérance des élémens composans , c'est-à-dire , selon l'activité respective de ces diverses passions. Je n'attaque point le cœur, et je ne veux faire injure à personne. Je puis avoir une confiance très-bien fondée dans un homme, lorsque l'habitude de vivre avec lui me fait juger que son caractère le déterminera dans telle circonstance, à l'acte que j'attends de lui : et si l'expérience m'a appris que son caractère le porte en général à tout ce qui est regardé comme bien , ce sera à mes yeux un honnête homme. Mais ce n'est pas au caractère individuel qu'on parle par une loi commune, qui ne connoît pas l'individu , et ne peut juger sa moralité personnelle. C'est aux principes qu'elle s'adresse Ce sont donc les principes que je discute.

En principe , dès qu'on ne suppose , ni Dieu , ni loi de Dieu , on ne peut plus admettre de loi primitive que celle de la nature. Or , jamais la loi constitutive d'un *devoir* , dont la violation soit un *délit* , n'émanera d'un législateur, qui ne voit, ni ne parle , ni n'entend ; qui n'a ni volonté , ni action. Car , quant aux mouvement forcé du monde, ou au ressort indéterminé des passions, l'un et l'autre sont également soustraits à l'empire de la volonté de cette prétendue nature, puisqu'elle n'en a point : et comme leurs volcans , leurs orages, en un mot , leurs convulsions physiques ou morales n'ont point de régulateur, qui discerne infailliblement sous leurs coups le bien et le mal ; comme elles n'agissent point au nom d'une loi, qui par leur ministère , sache et veuille déterminément récompenser la vertu et punir le vice, de leurs effets irréductibles au calcul , il ne résulte aucune conséquence dont on puisse remonter à un principe constitutif des caractères de devoir et de délit.

La loi naturelle, en supposant la révélation, nous dit au nom de Dieu : *Ne fais point à autrui ce que tu ne veux pas qu'on te fasse*. La loi de l'évangile, tant calomniée par les impies, nous dit sous une formule encore plus précise et plus sainte : *Aime ton prochain comme toi même ; rends le bien pour le mal*. Mais la loi de *nature*, sans Dieu, que nous dit-elle? Ecoutez Rousseau que les impies placent au Panthéon, comme son plus habile interprète. Ecoutez ce qu'il appelle la première loi de nature : Fais ton bien *avec le moins de mal d'autrui que tu pourras*. Ton bien ; voilà la première loi, la plus sacrée, la seule imprescriptible. Le mal d'autrui, en second, non pas pour t'en abstenir, mais pour ne lui en faire que ce qui sera nécessaire ou utile à ton bien ; et, par conséquent, pour lui faire *tout le mal*, que ton bien te commandera ou te conseillera, suivant tes lumières.

Sur quoi se fonde cette maxime avouée et Panthéonisée avec son auteur ? Le voici : l'individu existe pour lui-même, et non pas pour autrui. Donc, l'individu avant tout et

pardessus tout : autrui, en second et subor-
donnément. Donc la première loi de *nature*,
si la nature sans Dieu dicte une loi, est pour
le bien de l'individu. Donc le devoir primitif
est celui de l'individu vis-à-vis de lui-même.
La loi pour AUTRUI n'est que secondaire, elle
n'est loi qu'*autant* qu'elle ne contrarie pas
la première. Le devoir vis-à-vis d'autrui n'est
qu'au second rang ; jamais il n'usurpera le
premier.

Dans cet ordre de la nature, l'individu ne
devra jamais rien à autrui, s'il n'a pas envers
lui-même un devoir primitif dont le second
dérive comme conséquence. Or, jamais la
conséquence ne peut détruire le principe.
Dans cet ordre de la nature, le bien de l'individu c'est la jouissance de tout ce qui fait
son bonheur propre, et l'existence, unique
moyen d'en jouir, unique moyen même d'être
soumis à une loi. Jamais donc aucun devoir
secondaire relatif au bonheur ou à l'existence
d'autrui, ne doit l'emporter dans l'individu
sur le devoir primitivement relatif à son propre bonheur et à la conservation de son existence, dont l'anéantissement actuel anéantit
tout bonheur, tout devoir et toute loi.

Tout devoir est fondé sur les rapports de
l'être avec l'objet direct ou indirect de son
devoir.

devoir. Les rapports de l'individu avec lui-même sont des rapports directs avec la nature ; c'est elle qui les a créés, selon ce système. Ses rapports avec autrui sont des rapports indirects de l'individu avec la nature ; elle ne les a pas faits, elle lui a donné seulement les moyens de les contracter. Les rapports de l'individu avec lui-même sont nécessaires et perpétuels ; ceux qu'il peut avoir avec autrui sont accidentels et passagers. Quand tout *autrui* périroit, l'individu resteroit dans tous ses rapports avec la nature et avec lui-même ; et par conséquent sous toute l'étendue de la *loi*, qui est supposée lui ordonner la conservation de son existence, comme seul moyen de bonheur. Or, jamais des rapports et des devoirs indirects, accidentels, passagers de l'individu vis-à-vis de la nature ou d'autrui, ne prévaudront sur ses rapports et ses devoirs directs, nécessaires, perpétuels vis-à-vis de la nature et de lui-même, qui subsisteroient avec toute l'intensité de leurs obligations dans l'individu, quand *tout* ce qui s'appelle *autrui*, seroit anéanti.

A ces raisonnemens je sais bien comment on répond ; mais ce n'est pas avec les principes de l'athéisme ou du déisme : j'en porte le défie à quiconque se croit plus habile que

D

Rousseau, et je prends le silence pour un aveu d'impuissance. Jamais, dans un système qui réduit tout à l'existence actuelle, avec laquelle toute félicité périt, on ne trouvera dans un serment, ni dans une promesse, ni dans un pacte quelconque, le principe d'un *devoir* destructeur de celui qui résulte du pacte primitif de l'individu avec la nature, et de la promesse, ou si on veut, du serment qu'il se renouvelle tous les jours à lui-même, de haïr et d'éviter son malheur, d'aimer et de chercher la conservation de son bonheur pardessus tout, et aux dépens de tout ce que le besoin d'être, et d'être heureux, lui ordonnera ou lui conseillera d'y sacrifier, conformément à cette loi *primitive, essentielle* et *perpétuelle*, de ce qu'on appelle *la nature*.

Cela n'empêchera pas sans doute, selon le même Rousseau, *autrui*, ou la société de se venger, bien entendu, si *autrui* le peut, ou la société ; c'est-à-dire, si l'individu, qui n'a pas tenu sa promesse, n'a pas assez de talent, de force ou de bonheur pour leur rendre l'essai de leur vengeance inutile, ou même funeste. Mais pour *punir*, c'est un terme à rayer de la langue sociale : l'exécution d'une *loi* n'est pas susceptible de *punition*. Et quant à ce que nous venons de dire de la vengeance, il faut remarquer que le mot même est impropre ; ce sera seulement, de la part de la société, *faire son bien* en faisant le *moins de mal possible* à l'individu qui ne se sera pas rendu coupable en obéissant à la loi de nature dans les mêmes termes et dans la même mesure. Il n'y aura de vraiment condamnable que celui qui aura fait un mal dont il n'appercevoit aucun avantage à espérer pour son propre bien. Quant au reste, on voit trop bien que tout se réduit à l'intérêt personnel et aux probabilités de succès, suivant les moyens que chacun croira posséder pour faire prévaloir sa volonté. Dès-lors, où sont les devoirs, les vertus, les crimes ? où est la justice, la loi, la société ? Et je renouvelle ma sixième question : Qu'est-ce qu'une promesse demandée par une nation qui fait profession d'athéisme politique, à des hommes qui sont tous, de droit ou politiquement, athées à ses yeux, et qui peuvent l'être tous réellement et de fait ; puisque, selon leurs principes communs, il n'en résulte aucun devoir auquel leur intérêt personnel doive jamais être sacrifié ?

Après le développement de ces principes généraux, il est tems d'en venir à l'examen

particulier du serment, de la promesse ou
du vœu de haine éternelle à la royauté.

VII. QUESTION.

Comment cela peut-il se concilier avec l'é-
galité de droits qui est la base et le systême
général de la constitution ?

Ce sont tous les fonctionnaires publics qui
sont soumis à la nécessité de cette déclaration. Or, il se présente ici deux observations :
1°. S'il est vrai, comme nous l'avons prouvé,
que par sa constitution même la nation fait
profession d'athéïsme politique, il n'est pas
moins vrai que par sa déclaration des droits
et des devoirs, et par les sermens qu'elle
exige, elle reconnoît implicitement un Dieu.
Si, par certains articles de sa constitution,
elle réprouve tout culte, nie toute révélation,
viole tout engagement religieux ; par d'autres articles, qui ne sont pas moins formels,
elle donne liberté à tout culte, ne rejette
aucune révélation, et par les sermens qu'elle
exige, elle sanctionne, et l'inviolabilité des
engagemens religieux, et la certitude d'une
révélation et la nécessité d'un culte, suivant
ce que nous avons prouvé. Or, de-là suit évidemment l'impossibilité morale que, parmi

les citoyens à qui on demande ou un serment en général, ou en particulier le vœu de haine éternelle à la royauté, il ne s'en trouve un très-grand nombre qui croient en Dieu, qui reconnoissent une révélation, qui professent un culte.

2°. Mais parce que le systême politique, qui a nécessairement beaucoup d'influence sur les opinions personnelles, est l'athéisme, parce qu'il est impossible qu'on eût soumis la nation à un pareil opprobre, s'il n'y avoit pas eu au milieu d'elle assez de partisans du systême, pour aider l'autorité à le faire prédominer sur la volonté générale ; et parce que la profession d'athéisme le plus solennellement déclaré n'exclut personne, ni de la représentation , ni du directorat ou du ministère , ni d'aucune fonction publique , il en résulte nécessairement une autre vérité de fait, qui n'est que trop notoirement incontestable, c'est que parmi les fonctionnaires publics à qui on demande ou un serment quelconque, ou le vœu de haine éternelle à la royauté, il est aussi moralement impossible qu'il n'y ait pas beaucoup d'athées.

Or, d'après ces données, je demande d'abord , en général, comment l'égalité constitutionnelle se concilie avec l'inégalité de condition sociale que le serment ou la promesse établie entre ceux qui , croyant un Dieu législateur et juge tout puissant, contractent en sa présence par la promesse ou le serment, un devoir véritable, dont il punira la violation comme un *délit*, et ceux qui ne reconnoissant ni législateur, ni juge COMMUN entre eux et la société, font par cela même profession de-croire qu'ils ne s'engagent à aucun *devoir*, dont l'infraction puisse être un *délit*, parce qu'il n'y a pour eux, ni *loi*, ni punition?

Je demande ensuite spécialement comment l'égalité constitutionnelle peut subsister avec l'inégalité introduite par le vœu de haine à la royauté, entre ceux qui admettent une révélation et professent un culte, et ceux qui, comme athées ou déistes, méprisent tout culte et rejettent toute révélation ? Car pour ceux - ci, la haine de la royauté peut être une affaire de goût ou d'opinion, dont ils se réservent au surplus la liberté de changer : pour les autres, au contraire, c'est un crime dans l'ordre religieux, dont aucun d'eux ne peut se rendre coupable , quelque soit son culte. Cela est indubitable d'abord pour tous les chrétiens qui reçoivent , comme divin , le témoignage de l'Ecriture Sainte, en TOUT ou en PARTIE. La royauté y est expressément autorisée par l'approbation de Dieu, en mille endroits, sans exclusion des autres formes de gouvernement. Dieu s'y déclare le protecteur et le père de plusieurs rois, qu'il honore du nom de ses amis et de ses enfans. Il nous déclare que c'est par sa sagesse que les bons rois gouvernent; et qu'un bon roi est un présent que sa bonté fait aux hommes. Ces oracles sont communs aux Chrétiens et aux Juifs, qui font en particulier profession d'attendre un Messie, c'est-à-dire, selon eux, un roi, qui fera régner la justice sur la terre, et réunira toutes les nations sous le sceptre judaïque. Les Mahométans confondent par un ordre exprès de Dieu, selon le Coran, le souverain sacerdoce avec la royauté dans la personne de leur prophète Mahomet, dont la famille est par privilége religieusement exclusif, héritière perpétuelle du trône de tous les *croyans*. Les Payens mêmes regardoient la royauté comme une institution divine, et cette opinion étoit pour eux un dogme religieux. Beaucoup de leurs *héros*, fils de Jupiter ou de quelque autre Dieu, avoient reçu la couronne de la main de leurs pères, et quelques-uns par l'ordre exprès du Destin. Plusieurs d'entr'eux étoient devenus dieux, après avoir été rois.

D 4

Les premiers dieux eux-mêmes avoient régné sur la terre ; et, cette époque, celle de Saturne roi et dieu tout ensemble, étoit leur AGE D'OR. Enfin, la royauté étoit, pour eux, même un établissement céleste ; et tous les dieux, quoique dieux, reconnoissoient dans le ciel, Jupiter comme leur roi, aussi bien que comme le roi suprême de l'univers.

VIII. QUESTION.

Après cela, je demande comment l'égalité constitutionnelle, ou comment la liberté constitutionnelle des cultes, peut subsister avec une condition sociale, qui réserve manifestement toutes les fonctions publiques, tous les avantages sociaux aux athées, et qui en exclut quiconque professe un culte. Car parmi ceux que je viens de nommer, il n'y en a pas un seul à qui elle ne donne l'exclusion absolue ; parce qu'il n'y en a pas un seul qui n'ordonne le respect pour la royauté, comme pour une institution au moins approuvée de Dieu ; ou l'amour et la préférence absolue, comme pour un article essentiel du dogme, et de l'espérance religieuse et politique.

IX. QUESTION.

Je demande si l'athée, précisément à titre

d'athée, est seul digne de la confiance de la nation ; et si tout homme qui croit en Dieu et professe un culte, en est indigne, précisément par ce motif.

X. QUESTION.

Je demande quel est le culte qui sauvera la nation du reproche d'athéisme politique, si on laisse subsister cette condition ; quel est celui à qui elle prétend accorder la liberté constitutionnelle, puisque ceux que j'ai nommés sont les seuls qu'on ait connus jusqu'ici sur la terre.

Peut-être il est à propos d'observer ici, comme par parenthèse, qu'entre tous ces cultes, la religion CATHOLIQUE est la seule à qui la même révélation défendit également le vœu de haine au gouvernement républicain, parce qu'il n'est excepté nulle part du nombre des diverses formes sociales, approuvées ou légitimées par les oracles divins.

X I. QUESTION.

Comment une telle condition peut-elle s'accorder avec la raison, avec le bon sens ? Car on ne me contestera pas, qu'il ne soit au moins possible que le peuple français change d'opinion ou de goût. Or, qu'y a-t-il de plus

insensé que de s'engager à la haine éternelle
d'un gouvernement, sous lequel on peut se
trouver placé par une volonté indépendante
de la sienne? Hé quoi! si l'événement arrive,
il faudra donc renoncer à tout ce qu'on a
de plus cher, amis, parens, patrie, fortune,
considération, pour aller, errant de climat
en climat, chercher un gouvernement républicain, qui n'existera peut-être point sur la
terre, ou n'y existera qu'avec des combinai-
sons insupportables. Y a-t-il rien de plus dé-
raisonnablement tyrannique, que d'exiger
d'un homme des promesses qu'il ne peut
faire, sans être en démence, à moins qu'il
ne les regarde comme nulles, en les faisant?

X I I. Q U E S T I O N.

Comment une telle condition peut-elle se
placer à côté des droits de l'homme, déclarés en tête de la constitution?

Le premier droit de l'homme est le droit
au bonheur, ou il n'en a aucun. Car tous
les autres se rapportent à celui-là, comme
des moyens à leur fin. Et voilà un engagement qui l'oblige ou de subir peut-être très-
inutilement tous les maux de l'exil, quelque âge, qu'il voie un autre gouvernement

établi par son peuple , ou de chercher dans
la mort le seul remède au malheur d'une situa-
tion rendue intolérable par la haine. Qui peut
avoir droit de le placer dans l'alternative de
ce double malheur ?

XIII. QUESTION.

Comment peut-elle subsister à côté de la
déclaration de ses devoirs sociaux ? Car , c'est
apparemment un devoir social pour un homme de rendre à sa patrie et au gouvernement
choisi par son peuple , tous les services qu'ils
peuvent légitimement lui demander. Or, y
a-t-il un moyen de concilier ce zèle qui fait
la vertu et la gloire d'un bon citoyen , et qui
seul peut rendre ses talens utiles à sa patrie ,
avec l'horreur d'un gouvernement qu'il aura
promis de haïr éternellement ?

XIV. QUESTION.

Comment peut-elle se soutenir en présence
des droits du peuple ?

J'ai dit tout-à-l'heure qu'il étoit possible
que le peuple voulût changer de gouvernement ; et quand j'ajouterai qu'il en a le droit,
je ne serai certainement démenti par personne.

Après quarante ans d'anarchie, les Mèdes, autrefois, ne virent de salut possible que dans le sceptre accepté par Déjocès. Récemment encore le Dannemarck et la Suède, épuisés par leurs dissentions intestines, n'ont su y mettre un terme qu'en changeant en monarchie leur gouvernement fondamentalement républicain. Si donc des événemens imprévus déterminoient la nation française à mettre la chose en question, ne fût-ce que comme un remède passagèrement appliqué à de grands maux, pendant la vie d'un homme, qui peut s'arroger le droit de lui enlever d'avance, par l'engagement d'une haine éternelle, le libre concours des lumières et des suffrages de tous ses citoyens, dans une crise où il s'agiroit peut-être du bonheur ou du malheur de plusieurs générations ; c'est donc un attentat contre les droits du peuple.

XV. QUESTION.

Mais, n'est-ce pas un démenti donné aux principes de la constitution, et une atteinte formelle aux droits des générations futures ? On ne peut hésiter sur la réponse.

C'est un principe fondamental de la Déclaration des Droits, que tous les hommes naissent et demeurent égaux en droits, et que la génération d'aujourd'hui n'a pas caractère, pour lier, par ses décisions, les races subséquentes. Or, s'il est ainsi, comme il est évident que la génération actuelle n'a pu accepter la constitution actuelle qu'avec la pleine et entière liberté, sans aucune modification, non - seulement de la refuser, mais de s'en donner une autre en la manière qu'il lui plairoit de décider, il est aussi manifeste que le même droit subsistera à jamais avec la même plénitude, dans toutes les races futures, sans aucune subordination à la volonté de la race actuelle ; autrement il est *faux* que tous les hommes naissent et demeurent égaux en droits, et que la volonté des hommes d'aujourd'hui ne puisse pas enchaîner celle des âges à venir. Mais si le gouvernement d'aujourd'hui a droit d'imposer la condition d'une haine éternelle pour tout autre gouvernement à tous ceux que leur âge met en état d'avoir part aux délibérations de la race suivante, il est évident que, non-seulement on lui enlève le droit de prononcer avec une plénitude de jouissance égale à celle de la génération présente, mais qu'on lui ravit même la liberté d'opinion et de délibération dans celle de ses membres enchaînés d'avance sous une promesse de haine éternelle. C'est donc un renversement des principes de la constitution, et une atteinte formelle aux droits des générations futures.

Or, il faut remarquer que la nation n'a pas besoin de ces promesses extorquées pour être ce qu'elle voudra. Il n'y a donc que ses gouvernans actuels qui puissent avoir intérêt de les exiger pour leur propre compte. Or, si quelqu'un le sait, je le prie de me dire ce que c'est qu'une république dans laquelle l'intérêt des gouvernans du jour l'emporte sur les droits de la nation actuelle et sur ceux de toutes les générations futures.

XVI. QUESTION.

Cette condition n'est elle pas aujourd'hui, même directement, anti-constitutionnelle ?

Pour résoudre ce problême il ne faut qu'un mot ; et ce mot est la définition d'une constitution. Or, qu'est-ce qu'une constitution ? *l'ensemble des conditions mises au partage des avantages sociaux.* On peut, si on veut, tourner la phrase en toute autre manière ; on reviendra toujours au même sens. Je défie qu'une constitution soit autre chose que *l'ensemble des droits et des devoirs sociaux sti-*

pulés entre tous les citoyens , comme condi-
tions respectives les uns des autres. Cela
posé , montrez-moi dans la constitution française , acceptée par la nation , que cette promesse soit une condition apposée à la susceptibilité d'être élu représentant, directeur,
ministre, juge, administrateur ; ou à la faculté de trouver un moyen d'existence ho-
norable en servant sa patrie dans quelque
emploi que ce soit. Elle n'est pas dans la
constitution. De quel droit l'y a-t-on ajoutée?
comment le corps législatif a-t-il pu commet-
tre ou permettre une pareille déviation de
tout principe , un acte si manifestement anti-
constitutionnel ?

C'est en vain qu'on en chercheroit l'excuse
dans un prétendu décret de la convention ,
tel que ceux du 3 brumaire ou tout autre
semblable. Je ne veux rien avoir à démêler
avec une assemblée qui a décrété la constitution de 93 , et les massacres révolutionnai-
res. Mais je dis que si , en présentant la
constitution de 95 à l'acceptation du peuple ,
quelqu'un s'est réservé de l'altérer par des
décrets d'addition ou de retranchement, in-
termédiaires entre son acceptation et sa mise
en activité , il faut que la constitution n'ait

été qu'un leurre, le peuple un jouet, et ses prétendus représentans de vrais souverains.

Toute loi se réfère nécessairement à la constitution. Nul autre que le peuple, par une acceptation libre, n'a pu sanctionner la constitution. La constitution, *seule et exclusivement* contient *toutes* les *conditions acceptées* par le *peuple,* comme *nécessaires* et *suffisantes* pour être susceptible de *tous* les *avantages sociaux.* Si quelqu'un *autre* que le *peuple,* sous prétexte de décrets *antérieurs* à la *constitution* ou à sa *mise en activité,* ou par une loi *subséquente* peut *ajouter* une clause aux clauses apposées par le *peuple* à la susceptibilité de tous les avantages sociaux, il est évident qu'il n'y a plus de pacte, entre aucun des citoyens et la nation, puisqu'il n'y a plus personne à qui on ne puisse imposer d'autres conditions que celles du pacte : il est évident qu'il n'y a plus de constitution, puisque par des loix antérieures ou postérieures à la constitution, on peut l'anéantir en dérogeant successivement à tous ses articles, sans employer le moyen constitutionnel de la cour de révision. Enfin, il est évident qu'il n'y a plus de souveraineté dans le peuple; puisqu'on peut, *sans son aveu,* et lui enlever
la

la constitution qu'il a acceptée, et lui en faire une autre, à laquelle il sera soumis, sans l'avoir acceptée.

XVII. QUESTION.

Il est tems de finir, et je termine par cette dix-septième question :

Quel peut-être l'objet de cette addition anti-constitutionnelle ? De tranquilliser le gouvernement, c'est-à-dire, ceux qui gouvernent, sur les sentimens de ceux qui exercent quelque fonction publique ? Je ne répèterai point ce que Portalis a dit d'une manière si frappante, sur cette méthode inutilement vexatoire d'interroger les consciences. Mais j'y ajouterai ce mot célèbre d'un homme dont le nom échappe à ma mémoire : On endort les enfans avec des *hochets*, et les hommes en place avec des *sermens* et des promesses.

Hommes novices, et mal habiles dans l'art de gouverner, qui prétendez-vous atteindre par cette vexation ? Les athées ? Je vous ai démontré que pour ceux, dont les principes se réduisent au terme souverainement insignifiant de *nature*, aucun engagement ne peut constituer un *devoir* capable de prévaloir sur le droit et le devoir primitivement essentiels qu'ils tiennent de cette prétendue législatrice,

E

sous la condition d'une inaliénabilité et d'une responsabilité imprescriptibles, et vis-à-vis d'elle, et vis-à-vis d'eux-mêmes. Ainsi vous ne les enchaînez ni par les sermens, ni par les promesses.

Vous n'en voulez donc qu'à ceux, qui professant une religion quelconque, vous offriroient dans leur serment ou dans leur promesse une véritable garantie. Aucun de ceux-ci ne peut vouer une haine éternelle à la royauté. C'est donc pour les exclure que vous l'exigez. Dites-nous donc ouvertement que malgré la constitution, vous voulez dominer sur les consciences et sur les opinions, interdire tous les cultes, forcer la France à l'athéïsme. Dites nous donc que malgré la constitution, vous prétendez réserver à l'athéïsme tous les avantages de la société, et en exclure *tout culte*, pour ne lui laisser de partage que dans les *charges sociales*.

Le bons sens ne permet pas l'engagement que vous exigez. Prétendez-vous exclure de toutes les fonctions sociales, quiconque ne renonce pas et à sa religion, et à sa raison? Prétendez-vous ne les confier qu'à des hommes incapables de servir leur patrie, s'ils sont *foux*, et très-dangereux pour elle et pour vous s'ils sont assez *faux* pour ouvrir à leur

intérêt personnel toutes les portes de l'ambi-
tion par une promesse hypocrite qu'ils trai-
teront ensuite comme celle qu'ils auroient
faite à des voleurs au coin d'un bois ? Etes-vous
assez insensés vous mêmes pour établir votre
confiance sur une base si caduque ?

Est-ce aux *royalistes* que vous en voulez ?
Car, il faut bien que ce mot trouve ici sa
place, puisqu'on le répète sans cesse comme
le loup dont on fait peur aux enfans. Dis-
cutons donc cet article, et commençons par
une division nécessaire. Ils sont très-rares,
vous le savez, les hommes qui sacrifient tout
à leur conscience, qui ne se permettent jamais
le moindre mal, pour parvenir même à ce
qu'ils regarderoient comme un grand bien.
Si ce sont ces royalistes-là, que vous cher-
chez à écarter, voyez combien vous êtes in-
conséquens. D'abord leur petit nombre les
rend incapables d'inspirer aucune inquiétude.
Ceux-là sont sans aucuns moyens de complots.
Les complots ne se font pas tout seuls. Il faut
des gens qui payent et qui soient payés. Or,
ceux-là n'achètent ni ne vendent la trahison.
Peut-être, je le veux, s'ils avoient été soldats, auroient-ils été se ranger sous des
drapeaux qu'ils auroient cru légitimes. Mais
ils savent qu'un particulier n'a pas un carac-

tère , pour lever l'étendard de la guerre. Ils savent qu'un particulier n'a jamais droit d'attaquer l'ordre public en son nom , jamais même au nom de qui que ce soit, par des crimes et des assassinats. Vous ne faites donc qu'enlever à la patrie , dans leur personne , les citoyens que la sévérité de leur probité rend les plus dignes de sa confiance. Je vous défie de les compter vous mêmes au nombre des hommes méchans et dangereux.

C'est donc contre l'autre classe de royalistes que ce coup est dirigé, c'est - à - dire , contre ceux , dont la conscience n'est pas aussi exactement rigoureuse, qui peuvent se permettre de tromper, qui le doivent même , selon vous , puisque vous les regardez comme des méchans et des perfides. Hé bien! ceux-ci hésiteront - ils de vous tromper? Hésiteront - ils de s'emparer de toutes les places accordées à ce prix , pour se mettre en état de servir et leur fortune, et leur vengeance commune ou personnelle? Non , assurément. A qui en voulez-vous donc? Et que voulez-vous ?

Est - ce pour vous que vous prenez cette inutile et injuste précaution contre l'intérêt de votre patrie. Lisez l'histoire du monde. Vous y verrez que jamais les vexations, jamais

les portes de fer, et les cohortes armées n'ont
fait que provoquer la perte de ceux qui ont
eu recours à de tels moyens. Le bonheur des
peuples, voilà la sauve - garde de ceux qui
gouvernent. Si c'est pour vous, c'est un crime;
car c'est sous le voile de l'intérêt de la patrie que vous la couvrez. Votre devoir, et
votre gloire, c'est de lui être sacrifiés.

Est - ce pour la patrie ? Jamais la patrie
n'a rien à craindre au-dedans d'elle-même,
quand le génie et la sagesse de ceux qui
gouvernent, savent y créer et y maintenir
des moyens de félicité publique et particu-
lière, accessibles à tous les citoyens, sans
distinction de défaveur injuste, arbitraire,
illégale. Si le bonheur n'habite pas dans son
sein, rien ne peut sauver ce qui s'oppose à
sa félicité. Car, rien ne peut subsister sans
crime au milieu de la patrie, si ce n'est pour
concourir à sa félicité.

Il faut vous parler avec assez de franchise,
pour vous montrer que je ne peux vouloir
vous tromper. Par intérêt personnel, une
république me conviendroit très - bien. Par
goût peut-être encore, et par des affections
d'un ordre qui n'est pas celui des passions
humaines j'en préférerois le gouvernement
constitué sur de vrais principes de justice, de

bon ordre, et de paix. Par raison , je ne
prendrai pas pour des formes républicaines
un vrai despotisme déguisé sous un vain nom
de république ; et par expérience, je crains
l'impossibilité de réunir la réalité de la chose,
avec la vérité du nom. Et je vous suis garant
qu'il y a beaucoup de personnes qui sont dans
les mêmes dispositions que moi sur ces quatre
articles, et parmi les ROYALISTES, et parmi
ceux qui ne le sont pas. Mais je vous suis
garant aussi que dans toutes ces personnes-
là, l'intérêt, le goût, et la raison seront
bientôt, par une douce expérience, réunis
et confondus en un seul sentiment, au sein
du bonheur public et particulier.

Revenez, revenez enfin à ce seul objet ;
abandonnez toutes les incohérences de fan-
taisie, d'exaltation, de fausseté, pour l'unique système de la vraie raison, de la solide
sagesse, de la saine politique. Travaillez,
pour votre propre intérêt, à rapprocher,
comme le sage Solon, toutes les dissentions
d'esprit et de cœur dans l'unique sentiment
d'un bonheur public et particulier, commun
à *tous* au même titre légal ; au lieu de les
fomenter, de les aigrir, de les exalter par
des distinctions, des vexations outrageantes,
et par des tocsins d'alarme perpétuels. Abju-

rez, de bonne foi et sans retour , toutes ces discordances trop justement suspectes. L'harmonie est le caractère essentiel d'un bon gouvernement.

Renoncez à ces *hochets* frivoles de sermens et de promesses ; ils ne cadrent point avec un système d'athéïsme politique.

Rapportez ou sollicitez le rapport d'une loi de *haine* , dont la patrie n'a pas besoin , et qui par conséquent semble n'avoir d'autre objet que *vous ;* qui ne peut que ravir à la patrie des citoyens très - capables de la bien servir sans pouvoir être dangereux ; et qui ne garantit ni elle ni vous de ceux que vous croiriez avoir à redouter ; qui contrarie les principes constitutionnels d'égalité , répugne au bon sens , ne s'accorde avec aucun culte ; qui blesse les droits de l'homme et ses devoirs sociaux , et les droits du peuple , et ceux des générations futures ; qui attaque la constitution dans son essence et dans son existence , et la nation jusques dans sa souveraineté constitutionnelle. Enfin , qui ne peut avoir eu , de la part des jacobins , à qûi l'époque même prouve quenous en sommes redevables, d'autre objet que de couvrir , sous le masque d'un républicanisme éclatant , le projet qu'ils *mitonnent* de père en fils , depuis sept ans au moins, parce que, pour le faire réussir plus sûrement, il falloit s'emparer de toutes les places par l'exclusion des honnêtes gens.

Ecoutez, et pesez bien ce dernier mot qui me reste à vous dire. L'assemblée constituante avoit juré des mandats impératifs ; elle les a violés. La législature avoit juré la constitution de 91 ; elle l'a renversée de fond en comble. La convention avoit juré les droits de l'homme et des nations ; il n'y a pas un seul de ses membres qui n'eût juré vingt fois de maintenir la constitution de 91 , et elle a fait la constitution de 93 , et créé le régime révolutionnaire, qui sont le code des brigands et des tigres. Elle a juré et elle a fait jurer au peuple la constitution de 93 , et elle a fait celle de 95. Celle-ci est acceptée, jurée par la convention et par le corps législatif, et elle est détruite par la loi du 3 brumaire, par la promesse ou vœu ou serment de haine à la royauté, par les nouvelles conditions de défaveur ajoutées à celles auxquelles le peuple acceptant a attaché le droit de jouir de tous les avantages sociaux, par tous les décrets ou arrêtés inconstitutionnels, dont le *Gardien de la constitution* peut vous donner la nomenclature.

Tant

Tant d'essais de l'inutilité frauduleuse des sermens et des promesses ne vous suffisent-ils pas ? En voulez-vous un sans réplique ? Assemblez aujourd'hui tous les *jacobins* de France, proposez-leur toutes les fonctions de représentant, de directeur, de ministre, d'administrateur, de juge, etc., à condition de jurer ou de promettre fidélité à la république et à la constitution de 95, et une haine éternelle à la constitution de 93; et nous verrons s'il y en aura un seul qui refuse, et si cela les empêchera d'aller demain au camp de Grenelle pour rétablir la constitution de 93, anéantir celle de 95, et enterrer tous leurs sermens avec la république sous le trône de leur bien-aimé.

Après cela, si vous vous obstinez encore à vouloir des sermens et des promesses ; si vous laissez subsister tant d'actes éversifs de la constitution, il ne nous sera pas permis de douter que ce ne soit pour fermer la porte à ceux qui aiment leur patrie, et la servent par-tout où ils la voient, et sous quelque nom qu'elle se présente à leurs yeux ; et pour l'ouvrir à ceux qui ne la reconnoissent que sous le chapeau de 93, et ne la servent qu'au camp de Grenelle.

Déja perce de toutes parts le bruit de conciliabules tenus pour *suspendre la constitu- tion*, et *empêcher les assemblées de germinal prochain*. Votre conduite va nous apprendre si c'est un nouveau *mois vendémiaire* qu'on nous prépare ; s'il doit passer pour constant que la France n'a point d'autre complot à craindre que celui de l'usurpation de la souveraineté, renouvelé sous tant de formes par les *jacobins* ; et si c'est dans les *deux-conseils* et dans le *directoire*, ensemble ou *séparément*, qu'il en *faut reconnoître le foyer*.

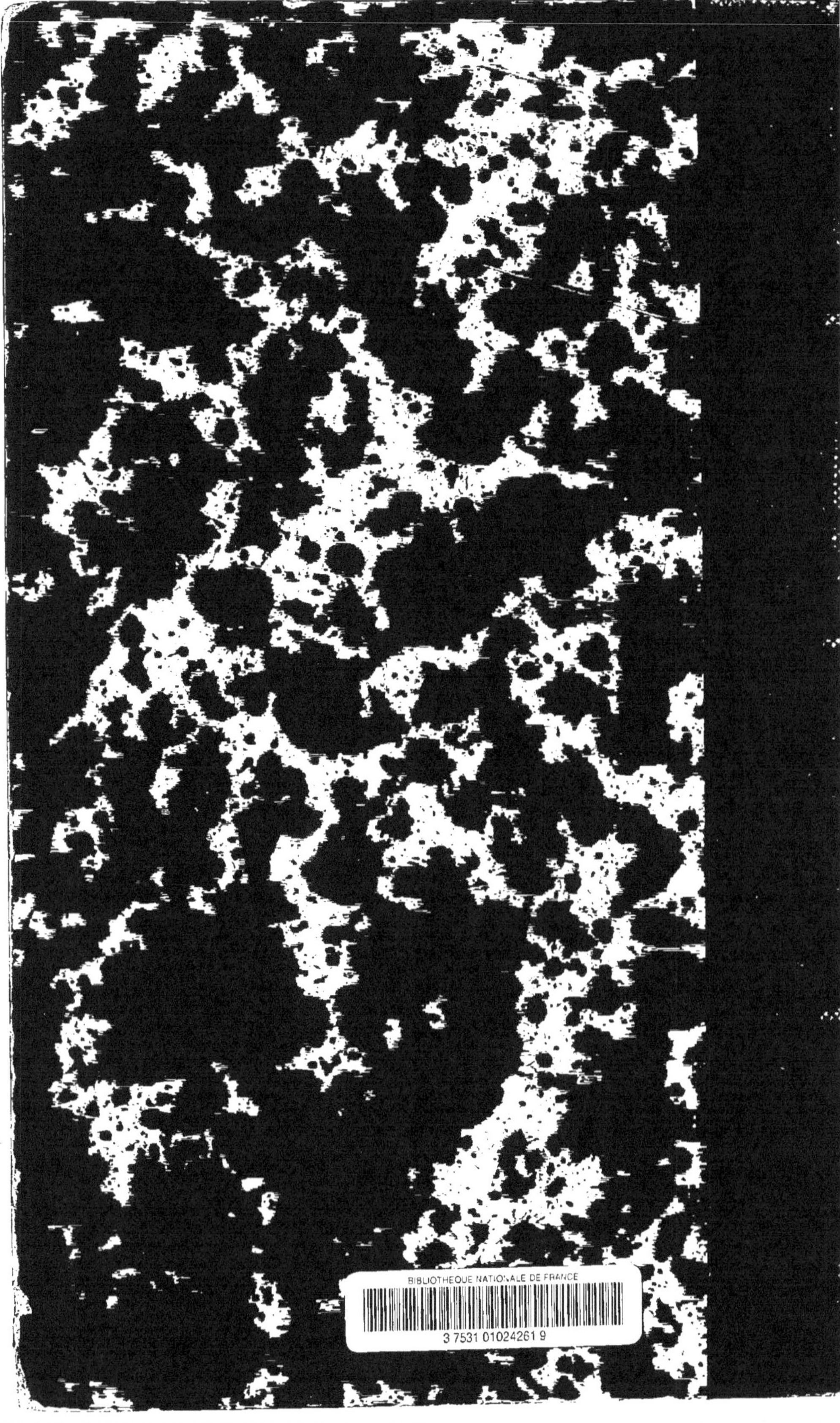

9 782013 659475